und jedem
Alter
wohnt ein
Zauber
inne

DAS ALTER

Das Alter ist ein höflich Mann,
Einmal über's andre klopft er an,
Aber nun sagt Niemand: Herein!
Und vor der Türe will er nicht sein.
Da klinkt er auf, tritt ein so schnell,
Und nun heißt's, er sei ein grober Gesell.

Johann Wolfgang von Goethe

und jedem Alter wohnt ein Zauber inne

Jung bleiben an uralten Gedanken

herausgegeben von
Claudia Peters

Eschbach

Bibliographische Information der Deutschen Bibliothek:
Die Deutsche Bibliothek verzeichnet diese Publikation in der Deutschen Nationalbibliographie; detaillierte bibliographische Daten sind im Internet über
http://dnb.ddb.de abrufbar.

ISBN 3-88671-568-X
2. Auflage 2007

Im Alten Rathaus / Hauptstr. 37
D-79427 Eschbach / Markgräflerland

www.verlag-am-eschbach.de

Umschlagbild und Gestaltung: Ulli Wunsch, Wehr.
Satz: Schwabenverlag mediagmbh, Ostfildern-Ruit.
Druck: Süddeutsche Verlagsgesellschaft Ulm.

Inhalt

EINLEITENDE WORTE

Die meisten Menschen möchten möglichst alt werden, aber nicht alt sein, obwohl jedes Jahr, das uns zuwächst, ein großes Geschenk ist. Älterwerden und Altsein hat seine ganz eigenen, wertvollen Qualitäten und bietet ungeahnte Chancen. Alles hat zwei Seiten, oder wie Mascha Kaléko formuliert hat: „Die Nacht in der das Fürchten wohnt hat auch die Sterne und den Mond."

Dieses Büchlein macht auf ganz erfrischende, manchmal humorvolle, manchmal tiefsinnige Weise darauf aufmerksam, dass jeder Lebenszeit und gerade auch dem Alter ein Zauber inne wohnt und dass es sich immer lohnt, neu anzufangen und das Leben zu lieben. Lassen Sie sich von Rainer Maria Rilke anstecken, der sagte:

„Ich glaube an das Alter. Arbeiten und alt werden, das ist es, was das Leben von uns erwartet. Und dann eines Tages alt sein. Aber noch lange nicht alles verstehen, nein. Aber anfangen, aber lieben, aber ahnen, aber zusammenhängen mit Fernem und Unsagbarem, bis in die Sterne hinein."

Das wünsche ich Ihnen!

Claudia Peters

I.

WIR SIND NICHT MEHR DIE JÜNGSTEN

IM HERBST DEINES LEBENS

Das wünsche ich dir,
dass du im Herbst deines Lebens
nicht mehr von dem Ehrgeiz getrieben wirst,
der dich in deiner Jugend so rastlos, so besessen
deinen hochgesteckten Zielen nachjagen ließ.
Wie viele von uns haben – fast gierig –
immer wieder danach gestrebt,
anerkannt, geehrt, vielleicht berühmt zu werden.
Ein solcher Ehrgeiz, der zur Überforderung,
zur Arbeitssucht führen kann, lässt uns
vorzeitig erschöpft, „ausgebrannt" werden.
Auf einer solchen, von Ehrgeiz getriebenen Leistung
ruht kein Segen.
Das wünsche ich dir, dass du jeden Tag
von neuem als Geschenk annimmst,
den es in innerem Einklang auszukosten gilt –
nicht mehr gejagt von dem Ehrgeiz
in jungen Jahren.

Barbara Cratzius

MIT STAUNENDEN AUGEN

Der heranwachsende Duft im Geranientopf,
das Rauschen der Meere,
der Herbst ist da mit seinen schweren Wolken
und seiner reifen Erde …

Liebste,
wir sind nicht mehr die Jüngsten.
Mir ist,
als hätten wir schon die Abenteuer
eines tausendjährigen Lebens erlebt.
Trotzdem sind wir noch
Kinder mit staunenden Augen,
die unter der Sonne Hand in Hand
barfuß laufen …

Nazim Hikmet

DAS GRAUE HAAR

Ein welkes Sommerblatt fiel mir zu Füßen.
– Dein erstes graues Haar. Es sprach zu mir:
Mai ist vorbei. Der erste Schnee läßt grüßen.
Es dunkelt schon. Die Nacht steht vor der Tür.
Bald wird der Sturmwind an die Scheiben klopfen.
Im Lindenbaum, der so voll Singen war,
Hockt stumm und düster eine Krähenschar.
Hörst du den Regen von den Dächern tropfen?

So sprach zu mir das erste graue Haar.
Da aber ward ich deinen Blick gewahr,
Da sah ich, Liebster, lächelnd dich im Spiegel.
Du nicktest wissend: Ja, so wird es sein.

Und deine Augen fragten mich, im Spiegel,
Lässt mich die Nachtigall im Herbst allein?
Und meine Augen sagten dir, im Spiegel:
Kommt, Wind und Regen, kommt! Wir sind zu zwein.

Das graue Haar, ich suchte es, im Spiegel.
Der erste Kuß darauf, das war mein Siegel.

Mascha Kaléko

ALT UND WEISE

Wünsch dir was
sagte die gute Fee

Alt und weise
möchte ich werden
und unerschrocken
Eine eigensinnige Alte
mit silbernen Haaren
ohne Strümpfe
in lila Sandalen
Und Lachfalten
möchte ich haben
Ganz viele

Anne Steinwart

MEIN KOPF

Wirrkopf
Querkopf Holzkopf
lang soll er leben
mein Kopf
der nun allmählich
zum Mooskopf wird

Werner Lutz

MAN OH MAN

Man ist nur so jung,
wie man sich fühlt.

Man denkt nur so tief,
wie man sich wühlt.

Man kriegt nur so viel,
wie man sich gibt.

Man lebt nur so lang,
wie man sich liebt.

Robert Gernhardt

ÄLTERWERDEN

Zögern mitten im Satz

Nachfragen wenn man glaubt
es verstanden zu haben

Es nicht mehr eilig haben
mit dem Wissenwollen

Einen Stein ein Glas eine Hand
länger festhalten als nötig

Den Ärmel des Gegenüber beim Reden berühren
zu spüren man ist noch da

Ein Buch einen Blick eine Haut verlieren
und nicht mehr finden wollen

Erinnern statt sehnen

Den Gedanken: Das alles ist nach mir noch da
trainieren wie einen Muskel

Gefühl als wäre jemand im Zimmer

Ulla Hahn

VOM ÄLTERWERDEN

Keine Höchstleistungen mehr erbringen,
auf keine Erfolge mehr hoffen,
keine Gipfel mehr erstürmen,
keine Wunder mehr erwarten,
erste graue Haare zählen,
Altersflecken auf der Haut entdecken,
niemals mehr ohne Beschwerden sein,
Verschleiß akzeptieren…

Aber dabei

gelassener werden,
meine Mitte finden,
zur Ruhe kommen,
mich an Erfolgen anderer freuen,
Menschen zur Seite stehen,
trösten, ermutigen,
mich selbst getragen fühlen,
offen sein für Neues,
berührbar sein
und nahe, ganz nahe
bei Herzen…

Ute Latendorf

LANDSCHAFT

Landschaft dulde mich
eine Menschenzeit
besänftige mein Ungestüm
den Wellenschlag
meiner Tage

still werden
nur kurzen Schatten werfen
damit das Zwiegespräch
nicht abreisst zwischen
Berg und See
Wiese und Baum

Morgen- und Abendlicht
weben an mir
legen an die Tage
Saum über meine
Spanne hinaus

Eveline Hasler

DIE ZEIT STEHT STILL

Die Zeit steht still. Wir sind es, die vergehen.
Und doch, wenn wir im Zug vorüberwehen,
Scheint Haus und Feld und Herden, die da grasen,
Wie ein Phantom an uns vorbeizurasen.
Da winkt uns wer und schwindet wie im Traum,
Mit Haus und Feld, Laternenpfahl und Baum.

So weht wohl auch die Landschaft unsres Lebens
An uns vorbei zu einem andern Stern
Und ist im Nahekommen uns schon fern.
Sie anzuhalten suchen wir vergebens
Und wissen wohl, dies alles ist nur Trug.

Die Landschaft bleibt, indessen unser Zug
Zurücklegt die ihm zugemeßnen Meilen.

Die Zeit steht still. Wir sind es, die enteilen.

Mascha Kaléko

DEIN HAAR

Dein Haar
wird weniger
und meines weiß

Du siehst mich immer öfter an
wie eine Rarität

Du faßt nach meiner Hand
als wüßte ich den Ausweg

Ulla Hahn

DER LEIERMANN

Warum sie sich wohl ans Fenster stellen,
Wenn unten der Alte die Leier dreht?
Warum sie verstummen und mancher ergriffen
Mit glänzenden Augen vorübergeht?

Sie wissen es selbst nicht, warum sie lauschen.
Die Brust wird ihnen plötzlich so weit.
Sie lassen sich durch die Seele rauschen
Das alte Lied ihrer Jugendzeit.

Joachim Ringelnatz

ANZEICHEN DES ALTERS

Anzeichen des Alters –
wenn man sich häufig
seiner Wege
entsinnt.

Etwa der Sandwege
mit etwas staubigem Gras,
am Rand
kleiner Städte –

Einer führte hinunter
zur Donau,

die sich hier
in Uferwäldern verbarg.

Gingen wir ihn
miteinander
und stießen dann unten

auf den Treidelweg,

lag vor uns eine Bahn
aus glattem Wasser,
hell, windig, offen

bis weit hinein
in die Zukunft –

Auf einmal
mußten wir umeinander
die Arme schlingen,
fester denn je.

Auch im Unabsehbaren
wollte ich dich
nie verlieren.

Heinz Piontek

OPAS PILLE

Für alles hat Opa ´ne wirksame Pille:
Für Husten und Schnupfen und mangelnden
  Schlummer,
Für Bauchweh und Zahnweh und Liebeskummer.

Die Pille heilt Dummheit und Hässlichkeit,
Doch leider nicht Opas Vergesslichkeit:

Mal sucht er die Brille,
Mal sucht er die Hülle,
Und manchmal sucht Opa sogar seine Pille!

Mascha Kaléko

STUFEN

Wie jede Blüte welkt und jede Jugend
Dem Alter weicht, blüht jede Lebensstufe,
Blüht jede Weisheit auch und jede Tugend
Zu ihrer Zeit und darf nicht ewig dauern.

Es muß das Herz bei jedem Lebensrufe
Bereit zum Abschied sein und Neubeginne,
Um sich in Tapferkeit und ohne Trauern
In andre, neue Bindungen zu geben.
Und jedem Anfang wohnt ein Zauber inne,
Der uns beschützt und der uns hilft, zu leben.

Wir sollen heiter Raum um Raum durchschreiten,
An keinem wie an einer Heimat hängen,
Der Weltgeist will nicht fesseln und uns engen,
Er will uns Stuf' um Stufe heben, weiten.

Kaum sind wir heimisch einem Lebenskreise
Und traulich eingewohnt, so droht Erschlaffen,
Nur wer bereit zu Aufbruch ist und Reise,
Mag lähmender Gewöhnung sich entraffen.

Es wird vielleicht auch noch die Todesstunde
Uns neuen Räumen jung entgegensenden,
Des Lebens Ruf an uns wird niemals enden …
Wohlan denn, Herz, nimm Abschied und gesunde!

Hermann Hesse

ALTERN LERNEN
WIE KISUAHELI ODER SUOSKRAT

Eigenschaftswörter zuerst
weiß für die Haare
welk für die Haut
kalt für Blicke und Lippen
bitter hart allein

Dann die Wörter fürs Tun
vergeben vergessen dulden sich beugen
zurück
blicken gehen denken sehnen
zurück
lehnen auch

Hauptwörter zuletzt
allen voran: die Geduld
Der Verlust. Der Abschied. Die Trauer.
Demut.
Altern lernen
wie Muttersprache
das ABC des Verlernens.

Ulla Hahn

DIE ALTEN UND DIE JUNGEN

„Unverständlich sind uns die Jungen“
Wird von den Alten beständig gesungen;
Meinerseits möchte ich's damit halten:
„Unverständlich sind mir die Alten.“
Dieses am Ruder bleiben Wollen
In allen Stücken und allen Rollen,
Dieses sich unentbehrlich Vermeinen
Samt ihrer „Augen stillem Weinen“,
Als wäre der Welt ein Weh getan –
Ach, ich kann es nicht verstahn.
Ob unsre Jungen, in ihrem Erdreisten,
Wirklich was Besseres schaffen und leisten,
Ob dem Parnasse sie näher gekommen,
Oder bloß einen Maulwurfshügel erklommen,
Ob sie, mit andern Neusittenverfechtern,
Die Menschheit bessern oder verschlechtern,
Ob sie Frieden sä'n oder Sturm entfachen,
Ob sie Himmel oder Hölle machen –
Eins läßt sie stehn auf siegreichem Grunde:
Sie haben den Tag, sie haben die Stunde;
Der Mohr kann gehn, neu Spiel hebt an,
Sie beherrschen die Szene, sie sind dran.

Theodor Fontane

ABERMALS EIN JUBILÄUM

Laßt uns, ihr Freunde, ohne viel Geschrei
Dem nächsten Jubeltag entgegengehen!
Die Hälfte unsres Lebens ist vorbei.
Nun gilt es noch, den Rest zu überstehen.

Nichts gleicht dem vielgeschmähten Jugendrausch!
Und Lob des Alters – nichts wie saure Trauben.
Vernunft und Reife? Brüder, welch ein Tausch,
Wenn man bedenkt, was uns die Jahre rauben.

Der Adler, er verlor die kühnen Schwingen.
Der Schmetterling, er wurde korpulent.
Die Nachtigall, sie hörte auf zu singen.
Der Löwe? Macht nun brav sein Testament.

Die Jahre ziehn, ein müdes graues Heer.
Und damals, das ist lange, lange her …

Weil alles so vergeht, was dich einst freute
Und was dir wehgetan: Trink deinen Wein!
Was gestern morgen war, ist heute heute.
Was heute heute ist, wird morgen gestern sein.
Prägt euch das ein.

Mascha Kaléko

Wenn einer alt wird, dann werden die Gedanken, die ihm im Kopf herumgehen, ein wenig anders. Es kommt bei jedem Gedanken das kleine Wort „noch" hinzu. Was hat jetzt noch Sinn? Was muss jetzt noch sich ändern in mir? Wofür willst du deine verbleibende Kraft noch einsetzen? Wofür und für wen hat dein Leben jetzt noch einen Wert?

Es sind, stärker als früher, auch einige Gedanken dabei, die in der Vergangenheit spielen: Wie bist du mit deinem Lebensauftrag zurechtgekommen? Kannst du mit dem, was war, am Ende bestehen?

Und man begreift tiefer als in früheren Jahren, was man eigentlich immer gewusst hat: dass man bei aller Bemühung der bleibt, der man immer gewesen ist. Und es beginnt ein alter Satz wichtig zu werden, den man immer gekannt hat, der aber über die Wichtigkeit einer dogmatischen Behauptung nie hinausgekommen war: dass Gott mit meinem Leben einverstanden ist, allein deswegen, weil er mich liebt, und nicht deswegen, weil ich so liebenswert bin. Die Liebe Gottes, die mir zugesagt ist und die sich in der Liebe zwischen anderen Menschen und mir spiegeln will, ist es, was zählt. Alles andere kann ich fallen lassen, stehen lassen, liegen lassen.

Jörg Zink

II.

ALTER IST ANFANG

LOSLASSEN

Das wünsche ich dir,
dass du erfahren mögest:
es ist nötig,
Gewohntes loszulassen,
sich von alten,
eingefahrenen Wegen
zu trennen.
Versuche,
Veränderungen anzunehmen,
Sinngebung und
neue Aufgaben zu erfahren
und jedem neuen Morgen
hoffnungsvoll
entgegenzugehen.

Barbara Cratzius

JUGEND

Die Jugend ist kein Vorbehalt der Jahre,
Kein Paradies, das sich dem Greis verschließt,
Jung kann der Alte sein am Rand der Bahre,
Und alt der Jüngling, den die Welt verdrießt.

Grau kann das Haar sein, jugendlich das Denken,
Gebückt der Gang, lebendig Herz und Geist;
Denn Jugend ist das tägliche Versenken
In jenes Glücksgefühl, das Leben heißt.

Hermann Schmider

CHANCEN DES ALTERS

Im Innern Kräfte wachsen lassen
die äußerlich schwinden
der Duft der Reife
lockt das Leben an
wie Bienen.

Fremde Länder bereisen
ferne Meere befahren
fliegen in ein neues Dasein
Einsichten gewinnen
greifbar vor meiner Haustür
alles ist möglich.

Reif sein
aufplatzen
als Samen sich in den Wind streuen
in Ritzen Fuß fassen
gelassen Triebe entwickeln
den Kern ahnen.

Aus der Kargheit Wasser schöpfen
in der Wüste Oasen entdecken
den einen Schritt auskosten
dem Himmel aufgeschlossen sein
Werden neu spüren.

Vom Nebel eingehüllt
auf diesen einen Fleck bezogen
vereinzelt
beschränkt
abgeschieden –
zu mir gekommen.

Hüte tragen
behütet sein und behutsam
ein Vorrecht des Alters.

Margret Roeckner

JEDE MINUTE

Kostbar der Herzschlag
jeder Minute
sie schenkt dir den Atem
erlaubt dir anzufangen
aufs neue

In deinem Augenstern
kreist die verwirrende Welt
ruht das Himmelsherz
jede Minute

Rose Ausländer

LEBENSABSCHNITT

Ich mache eine Amnestie
Aus herzlichem Verlangen.
Und sei auch du und sein auch Sie
Zu mir ganz unbefangen.

Das Leben ist ein Rutsch-Vorbei.
Nur das, was echt gewesen,
Nährt weiterhin. – Ein Besen,
Zu wild geschwenkt, schlägt viel entzwei.

Seid gut zu mir und macht Radau,
Verzeihend und aus Reue!
Wollt ihr? Wer reist aufs neue
Mit mir ins Himmelsblau?

Joachim Ringelnatz

NICHT HEUTE

Ich weiß
wie es aussieht
überall und nirgendwo
schließlich lebe ich
nicht erst seit gestern.
Das Durcheinander ist alt
das Chaos bleibt
lebenslänglich
so vieles ist zu tun.
Aber heute will ich
einen Platz für mich
will die Sonne
den Himmel
so selten hat er dieses Blau.
Will spüren
daß meine Füße
leicht sein können
heute will ich mich freuen
daß es mich gibt.

Anne Steinwart

WENN ICH MEIN LEBEN NOCHMALS LEBEN KÖNNTE

Ich würde wagen,
nächstes Mal mehr Fehler zu machen.
Ich würde alles lockerer und entspannter anpacken.
Ich würde törichter sein,
als ich es auf dieser Reise war.
Ich würde weniger Dinge ernst nehmen.
Ich würde mehr Gelegenheiten ergreifen.
Ich würde mehr Berge besteigen
und mehr Flüsse durchschwimmen.
Ich würde mehr Eiscreme essen
und weniger Bohnen.
Ich hätte wahrscheinlich mehr wirkliche Probleme,
aber ich würde mir weniger Probleme einbilden.

Du siehst, ich bin einer jener Menschen,
die vernünftig und gesund leben,
Stunde um Stunde, Tag für Tag.

Oh, ich hatte meine Momente,
und wenn ich es nochmals tun könnte,
ich hätte noch viel mehr davon.

Eigentlich würde ich nichts anderes tun.
Nur Momente leben, einen nach dem anderen,
anstatt so viele Jahre die Tage im Voraus zu leben.

Ich war einer jener Menschen,
der niemals wohin ging
ohne Thermometer, ohne Wärmflasche,
ohne Regenmantel und ohne Fallschirm.

Wenn ich es nochmals tun könnte,
würde ich mit weniger Gewicht reisen.
Wenn ich mein Leben nochmals leben könnte,
würde ich früher im Frühling barfuß gehen
und später im Herbst damit aufhören.
Ich würde mehr zum Tanzen gehen.
Ich würde mehr Karussell fahren.
Ich würde mehr Gänseblümchen pflücken.

Nadine Stair

DAS WÄRE SCHON VIEL

Vor verschlossenen Türen warten lernen.
Keine Angst haben
im ungelegenen Augenblick zu kommen,
falsch verstanden zu werden,
den Erwartungen nicht zu entsprechen,
sich zu verändern.
Nicht vergessen, daß wir älter und älter werden,
aber nicht automatisch (un)glücklicher.
Dich kommen lassen.
Die eigenen Grenzen erkennen
und deine Grenzenlosigkeit ahnen,
Gott,
das wäre schon viel.

Wolfgang Abendschön

ALTER IST ANFANG

„**A**lter
ist Anfang",
hat
ein Alter
gesagt.
Morgen
werde ich
einen Tag
älter sein.
Aber morgen
fange ich an
und lebe
den neuen
Tag.
Indem ich
von Tag
zu Tag
wandere,
wandere ich
von Anfang
zu Anfang.

Wolfgang Dietrich

LABYRINTH UND ROSEN

labyrinthwege gehen
unter dem leuchtenden blau
in der suchbewegung
des herzens
die flügel der sehnsucht
oft müde – nur gehen
bringt weiter nur gehen

auf losem gestein die füße
schwer vom gewicht der jahre
die schultern
manchmal sicher und frei
oft tastend und suchend
wohin

das ziel so fern und so nah
auf dem weg
zu den rosen
zur mitte

Wilma Michler

WERDE, DER DU BIST

Jeden Tag neu
verworrene Fäden ordnen,
Wogen glätten,
den Splitter im Auge behalten.

Jeden Tag neu
der Dankbarkeit Raum geben,
dem Licht mehr als den Schatten,
das Leid mit Tropfen der Freude besprengen.

Jeden Tag neu
mit dem ganzen Mut der Liebe
ausloten,
einsammeln,
aussondern.

Jeden Tag neu
ergänze sich aus unzähligen,
kleinen Mosaiksteinen
das Bild, das meinem
„werde, der du bist" näherkommt.

Hedwig Beckmann

ALT UND NEU

Mit alten und neuen
Landschaften
neuen und alten Worten
verlorenen und wiedergefundenen
Freunden
leben

Blicke deuten

Vor dem Abgrund
die Augen nicht schließen

Sich mit Altem zufriedengeben
protestieren

Endlos
von neuem anfangen

Rose Ausländer

Es gibt Erinnerungen, die wir selbst haben, und Erinnerungen anderer, die wir erzählt bekommen. Denn vieles, das wir für unsere eigenen Erinnerungen halten, ist Erzählung von anderen Menschen: von Eltern, Geschwistern, Schulkameraden, Freunden; Fotografien, Tagebücher, alte Spielsachen können Träger von Erinnerungen an erlebter Freude sein. Zeichnungen und Bilder freudiger Momente oder auch Freudenträume können uns weitere Bereiche der Freude erschließen. Freude und Erinnerung haben grundsätzlich viel miteinander zu tun. Es gibt einen Text im Tagebuch von Max Frisch:

„Glück als das lichterlohe Bewußtsein: Diesen Augenblick wirst du niemals vergessen. Der Anblick ist da, das Erlebnis noch nicht. Man gleicht einem Film, der belichtet wird; entwickeln wird es die Erinnerung."

Mir scheint das ein ganz wichtiger Text im Zusammenhang auch mit Freude zu sein. Glück – als ein äußerster Pol der Freude – wird mit dem „lichterlohen Bewußtsein", daß dieser Moment unvergeßlich sein wird, in Verbindung gebracht. Hinterher wird uns eigentlich erst bewußt, was in diesem Moment wirklich geschehen ist, was so wichtig war, und in der Erinnerung an die Freude nehmen wir diese erst recht wahr, erleben sie, kosten sie aus; und in der Erinnerung gestalten wir sie dann auch weiter.

Verena Kast

Die Generation der munteren Alten ist ein Geschenk der Moderne an die Gesellschaft. So etwas hat es zuvor in der Geschichte noch nie gegeben. (…) Man redet darüber, dass die vielen Alten die Rentenkassen belasten. Man beginnt sehr zögernd, mit ihrer Konsumkraft zu rechnen. Und wer fragt nach den Erkenntnissen für das Leben? Ein sinnvoller Dialog zwischen Senioren und Junioren ist fällig.

Ich rede beide an, die Alten wie die Jüngeren. Zuerst die Alten, weil ich zu ihnen zähle. Wo ist eure Stimme zu vernehmen? Viele von euch fügen sich allzu rasch ein in das Bild „Rentner sind out". Ihr rechnet damit, dass die jungen Aktiven nicht mit euch rechnen, und ihr nehmt es hin. Ihr wehrt euch nicht. Ihr wartet, ob euch jemand um Rat fragt. Das ist falsch. Sie werden es nicht ohne weiteres tun. Sie haben es noch nicht gelernt. Ihr müsst euch zu Wort melden. (…)

Wenn ihr Jüngeren denkt, der Dialog mit den Alten sei nicht wichtig, so irrt ihr euch. Die Alten, wiewohl ihrer immer mehr werden, sie formieren keine geballte Kraft. Wollt ihr sie deshalb übersehen und überhören? Das könnte sich als eure besondere Einfalt erweisen.

Es geht um Einsichten für das Leben. Sie stehen nicht wie Paragraphen starr in der Zeit. Zu vermitteln sind einfache Weisheiten. Zum Nachdenken. Man kann behutsam mit ihnen umgehen. Man kann es mit ihnen versuchen. Wenn du darüber sprichst oder schreibst, benutze einen weichen Stift, keinen wuchtigen Edding.

Etwas weise, sehr aufmerksam. Etwa so könnte ein Gespräch zwischen dem Älteren, Mann oder Frau, und dem jüngeren Mann oder der jüngeren Frau beginnen: Du suchst mit Rieseneifer den Erfolg. Ich bewundere dich. Du wuchtest die Aufgaben. Du schonst dich nicht. Das Motto ist natürlich englisch: The Power of Now. Aber das Jetzt ist länger. Die Kräfte müssen länger ausreichen. Sie müssen dich über den Rückschlag, der auf den Erfolg folgt, hinübertragen. Du musst Reserven vorsehen. (...) Denn das ist gewiss, es geht nicht nur glatt im Leben. (...)

Wir leben länger als der Augenblick. Schau über den Augenblick hinaus; (...). Füge den heutigen Tag in die längere Zeit ein. Das nenne ich transzendieren. Den Tag der Liebe versuchen auf eine längere Liebe einzurichten. Aus einem gelungenen Examen einen Plan für eine gewisse Zeit ableiten. Für den Fall der Niederlage eine Auffangstellung bereithalten. Den Überblick suchen, den Durchblick.

Siegfried von Kortzfleisch

ICH UMARME DICH IRRES SCHICKSAL

DANK FÜR JEDEN TAG

Das wünsche ich dir,
dass du die Sonne und das Dunkel
jeden Tages
deines dir geschenkten und gesegneten Lebens
nicht für selbstverständlich hältst.
Das wünsche ich dir,
dass du nicht vergisst zu danken.
Dank für die Genesung
nach schwerer Krankheit.
Dank für den Berg Arbeit,
der dich belastet,
der dir aber auch die Beglückung schenkt,
dass du gebraucht wirst.
Dank, dass du deine Sinne
noch weitgehend gut gebrauchen kannst.
Dank für jeden Tag
und jeden Atemzug,
den Gott dir schenkt.

Barbara Cratzius

Ich glaube, man kann im Leben eine ganz genaue Grenze ziehen zwischen Jugend und Alter. Die Jugend hört auf mit dem Egoismus, das Alter beginnt mit dem Leben für andere. (...) Das Bedürfnis der Jugend ist: sich selbst ernst nehmen zu können. Das Bedürfnis des Alters ist: sich selber opfern zu können, weil über ihm etwas steht, was es ernst nimmt. Ein geistiges Leben muß zwischen diesen beiden Polen ablaufen und spielen. Denn Aufgabe, Sehnsucht und Pflicht der Jugend ist das Werden, Aufgabe des reifen Menschen ist das Sichweggeben oder, wie die deutschen Mystiker es einst nannten, das „Entwerden". Man muß erst ein voller Mensch, eine wirkliche Persönlichkeit geworden sein und die Leiden dieser Individuation erlitten haben, ehe man das Opfer dieser Persönlichkeit bringen kann. (...)

Das Altwerden an sich ist ja ein natürlicher Prozeß, (...). Aber man ist eben mit seinem eigenen Alter leider nicht immer auf der Stufe, man eilt ihm innerlich oft voraus, und noch öfter bleibt man hinter ihm zurück – das Bewusstsein und Lebensgefühl ist dann weniger reif als der Körper, wehrt sich gegen dessen natürliche Erscheinungen und verlangt etwas von sich selber, was es nicht leisten kann.

Hermann Hesse

UND ICH DARF NOCH

Hie und da, dann und wann
Ein Wehweh. Doch im ganzen:
Ich, der ich nicht tanzen kann,
Sehe gern andere tanzen.

Noch immer in Arbeit gestellt
Und die Arbeit genießend,
Finde ich dich, ausstudierte Welt,
Immerneu fließend.

Gehe durch die Straßen einer Stadt
Um Dinge herum, die stinken.
Was Beine oder keine Beine hat,
Kann blinken oder winken.

Ich kann einen Pflasterstein,
Der am Rinnstein liegt, aufheben.
O schönes Auferdensein!
Und ich darf noch leben.

Joachim Ringelnatz

MEINE GÜTE

Kann ja noch
weinen und lachen
und laufen und laufen
war ich nicht gestern
die gespenstische Alte?
Schlich ich nicht müde
durch finstere Gassen
so müde so alt
und spukte ich nicht?
Bin mal wieder
davongekommen
hüpfe und tanze
und laufe und laufe
so jung
ohne Rückenwind

Meine Güte
es gibt mich noch

Anne Steinwart

DU

Du
wer du auch sein magst
sieh meine alten Augen lachen
kleine freche Wellen blitzen darin
in diesen Momenten
der Lebensfreude und des Übermuts
ist es mir ein Leichtes
aus Wasser Wein zu machen
und auf den Stein der Weisen
zu pfeifen

Werner Lutz

BEKEHRUNG

Als ich unzufrieden werden wollte
über die nachlassende Kraft meiner Augen,
begegnete ich einem Blinden.

Als ich zu jammern begann,
weil der Fuß mich schmerzte,
fuhr ein Mann ohne Beine in
einem Rollstuhl an mir vorüber.

Als ich Klage erhob über mein Alter,
hörte ich von einer Frau,
die schon in jungen Jahren sterben musste.

Und als ich jene, denen es besser zu gehen
schien als mir, um ihren Reichtum beneidete,
bat mich ein Bettler am Rande der Straße
um Linderung seiner Not.

Da ging ich hinein in das Gotteshaus,
mischte mich still unter jene,
die nur um zu bitten gekommen waren,
und stellte zufrieden und dankbar die Frage:
Herr, womit habe ich all deine Güte verdient?

Elli Michler

DER AUGENBLICK

Das Glück – das Leid
der Menschen
es liegt so nah beisammen,
und niemand weiß, was morgen ist,
wenn erst der Tag vergangen.
Sieht deine Welt heut traurig aus,
so lern geduldig sein,
denk an das Schicksal anderer Menschen,
dann bist du damit nicht allein.
Jede Sekunde dreht sich das Rad
des Lebens etwas weiter,
und jeder Tag wird anders sein,
denn auch das Glück ist dein Begleiter.
Genieße jeden Augenblick,
laß ihn nicht so vergehn,
erfaß ihn ganz und halt ihn fest,
ganz langsam wirst du deine Welt
mit anderen Augen sehn.

Roswitha Bräu

SONNE

Wunschlos glücklich sein,
nichts anderes ersehnen als dies:

still dazusitzen unter blauem Himmel,
das Gesicht der Sonne zugewandt,
mit geschlossenen Augen,
Vogelgezwitscher ringsum in den Bäumen,
alle Poren weit geöffnet,
sich bis ins Innerste
von der Wärme durchdringen zu lassen,
passiv und doch so lebendig,
hingegeben an den Augenblick,
ganz und gar einverstanden mit dem Leben,

wunschlos glücklich sein,
nichts anderes mehr ersehnen als dies …

Ute Latendorf

ENDLICH

Endlich alles lassen können
nicht mehr jagen, nicht mehr rennen

irgendwo in Ruhe stehen
und sich selbst im Spiegel sehen

sitzen, träumen, sich bescheiden
aufhörn, andre zu beneiden

fern, ganz fern die Pforte ahnen
nicht mehr fliehen aus den Bahnen

leise werden, Augen schließen
bis die Ströme wieder fließen

nichts mehr wollen, nichts mehr hoffen
und die Pforte steht weit offen…

Ute Latendorf

HUMPELNDE WELT

Es bleibt nicht aus, daß man den Mut verliert,
Wenn man schon längere Zeit mit seinen wunden
Füßen herumexperimentiert. –
Ich hatte noch immer nicht den richtigen Schuh,
Die richtige Sohle, die richtige Salbe gefunden;
Ich sah – fast getröstet – anderen Humpelnden zu.

Und kam ein Morgen, ein kalter, unangenehmer,
Der hatte – mir günstig – mir freudige Post beschert.
Ich humpelte weinwärts, aber ich hinkte bequemer
Als sonst. Und fand alles Leben so lebenswert.

Ich glaube: Es schneite, donnerte, regnete,
Rauchte – aber für mich nicht bestellt.
Mir lächelte alles, was mir begegnete.
Auch du kannst so schön sein, humpelnde Welt.

Joachim Ringelnatz

ROTWEINTRINKER

Zeitverjubler Herbstlaubverehrer
Rotweintrinker einfach so
zärtlich zu Rost und zärtlich
zu erlöschenden Farben
froh um Hände
die zu winken wissen
froh um Füße
die unverdrossen gehen mögen
von Widerspruch zu Widerspruch

Werner Lutz

TRÄUMER MITTLEREN ALTERS

Wie einen doch der große Weltschmerz quälte,
als man so etwa zwanzig Jahre zählte.
Nun wird man niemals wieder zwanzig sein.
Oft ist in mir ein seltsames Bedauern,
dass ich nicht traurig bin,
das macht mich trauern und
hüllt mich in die alte Wolke ein.

Soll man die Wohlgeratenen beneiden,
die kühl und praktisch nie an Weltschmerz leiden,
weil ihre Herzen längst gestorben sind?
Ach, der Gedanke schon lässt mich verzagen,
mein Schicksal bleibt es, Träumen nachzujagen –
ein hoffnungslos verlornes, großes Kind.

Mascha Kaléko

DIE DRITTE JAHRESZEIT

Gestern an der Straße gesehen:

Die alte Frau
vor der Alterswohnsiedlung:
wie sie –
mit krummem Rücken
und auf einen Stock gestützt –
sich noch mehr vor beugt
und behutsam
die verwelkten Blüten
vom Strauch abliest –
ein stilles Lächeln
auf ihren blassen Lippen

Und an derselben Straße

Die junge Mutter
wie sie
ihren kleinen Sohn
zum Rosenbusch hochhält
um miteinander
den Duft
der letzten Rosen
zu riechen

Ernst Schlatter

Die langen Jahre meiner schweren Krankheit, die so langsam vergingen, haben mich gelehrt, was ich genießen und woran ich glauben muß. Sie haben mich gelehrt: nimm dir Zeit, sonst nimmt sie dich. Jeder Tag ist für mich jetzt ein herrliches Geschenk. Die Sonne geht auf und kündigt mir vierundzwanzig neue, wundervolle Stunden an – nicht, damit ich sie mir vertreibe, sondern damit ich sie auskoste. Ich habe gelernt, die kleinen und doch so wichtigen Dinge zu schätzen, von denen ich früher glaubte, ich hätte keine Zeit, sie zu beachten – das Spiel des Lichtes auf fließendem Wasser, das Singen des Windes in den Bäumen. Oft habe ich mich zurückgelehnt und mir vorgenommen: merke dir diesen Augenblick, vergiß ihn nicht. Denn in ihm bist du glücklich und froh. Es wird nicht immer so sein, also genieße ihn, solange er da ist, erinnere dich seiner und sei dankbar.

Ralph Richmond

REZEPT

Jage die Ängste fort
Und die Angst vor den Ängsten.
Für die paar Jahre
Wird wohl alles noch reichen.
Das Brot im Kasten
Und der Anzug im Schrank.

Sage nicht mein.
Es ist dir alles geliehen.
Lebe auf Zeit und sieh,
Wie wenig du brauchst.
Richte dich ein.
Und halte den Koffer bereit.

Es ist wahr, was sie sagen:
Was kommen muß, kommt.
Geh dem Leid nicht entgegen.
Und ist es da,
Sieh ihm still ins Gesicht.
Es ist vergänglich wie Glück.

Erwarte nichts.
Und hüte besorgt dein Geheimnis.
Auch der Bruder verrät,
Geht es um dich oder ihn.
Den eigenen Schatten nimm

Zum Weggefährten.
Feg deine Stube wohl.
Und tausche den Gruß mit dem Nachbarn.
Flicke heiter den Zaun
Und auch die Glocke am Tor.
Die Wunde in dir halte wach
Unter dem Dach im Einstweilen.

Zerreiß deine Pläne. Sei klug
Und halte dich an Wunder.
Sie sind lang schon verzeichnet
Im großen Plan.
Jage die Ängste fort
Und die Angst vor den Ängsten.

Mascha Kaléko

ICH UMARME DICH

Ich umarme dich irres Schicksal
ich schenke dir
meine unzuverlässigen Augen
meinen durchblätterten Kalender
meinen regendurchtränkten Herbst

Werner Lutz

SEI WAS DU BIST

GIB WAS
DU HAST

„Die Nacht nähert sich. Für alles, was war, Dank. Für alles, was kommt, ja.“ Diese Zeilen schrieb Dag Hammarskjöld in seinem kurzen Leben. Für alles, was kommt, ja. Eines der belastenden Erlebnisse im Alter ist, wenn ein Ehepaar, ein Freund, hinfällig und chronisch krank wird. Das Wort von C. G. Jung erfährt in solchen Situationen eine besondere Bedeutung: „Man wandelt nur, was man annimmt.“

Annehmen, dass lange, anstrengende Reisen fortfallen, dass der Lebensradius enger wird, dass man sich dem langsamen Lebensrhythmus des Partners anpassen muss: beim Waschen, beim Anziehen, beim Essen, beim Gehen, wenn das noch möglich ist. Aber auch diese Belastungen können sich positiv auf den „gesunden“ Lebenspartner auswirken. Er wird bescheidener, hilfsbereiter, weniger selbstbezogen, liebensfähiger, geduldiger und dankbar, dass dieser langsamere Lebensweg noch Freuden und Schönheiten bietet. Und jeden Tag erwacht neu die Hoffnung und Bitte, dass man – durch Gottes Gnade – noch eine gute Weile diesen Lebensweg gemeinsam gehen kann.

Barbara Cratzius

Wir Alten scheuen oft unser eigenes Alter, wir lassen es uns gerne ausreden. Viele schminken und kleiden sich wie die Jüngeren. Die Krückstöcke, die wir brauchen, werden zu Gehilfen. Wir folgen der verschleiernden Benennung der Gesellschaft, und wir nennen uns Senioren. Wir lassen uns beschäftigen, wie man Kinder beschäftigt; gehen auf Butterfahrt, gehen zum Altentanz und tun so, als spielten wir noch wirklich mit. Schön, wenn man das kann und wenn einen das Alter nicht zu früh plagt! Aber wir sind alt, und wir werden bald sterben.

Wir können nicht nur von den Jüngeren erwarten, dass sie uns ehren. Wir sind es uns schuldig, uns selber zu ehren. Es gehört zu unserer Würde, uns nicht in das große Unsterblichkeitsspiel hineinziehen zu lassen. Wir müssen sterben, und man kann uns das Alter nicht schöner reden, als es ist. Nein, das Alter ist nicht schön. Es ist nicht schön, wenn wir das Gedächtnis verlieren; wenn uns niemand mehr wirklich braucht und wenn sie anfangen, über uns zu lachen. Es ist nicht so, dass man im Alter weiser, gelassener und gütiger wird. Es häufen sich meistens die Schwächen, auch die Schwächen unseres Charakters.

Wenn wir den Jüngeren etwas voraushaben, dann ist es die Anzahl unserer Niederlagen. Und manchmal, nur manchmal machen sie uns menschlicher. Vielleicht besteht die Größe eines alten Menschen darin, sich nicht mehr zu beweisen; es aufzugeben, stark, jung und unverletzlich zu sein. Und vielleicht gibt es eine letzte Güte, die darin besteht, vor dem Tod die Augen nicht zu verschließen. Er ist nahe, und die Alten wissen besser als andere, dass das Leben nur noch Frist ist. Die Alten sollen nicht geehrt werden, weil sie so ehrbar sind, sondern weil sie es brauchen; weil sie, je älter sie werden, um so mehr zu den Geringen im Land werden. Für diese aber treten die Gebote Gottes ein.

Fulbert Steffensky

NOCH BIST DU DA

Wirf deine Angst
in die Luft

Bald
ist deine Zeit um
bald
wächst der Himmel
unter dem Gras
fallen deine Träume
ins Nirgends

Noch
duftet die Nelke
singt die Drossel
noch darfst du lieben
Worte verschenken
noch bist du da

Sei was du bist
Gib was du hast

Rose Ausländer

SCHATTEN

Du hast Angst vor dem Alter
vor dem Nachlassen deiner Kraft
vor dem Verbrauchtsein.

Manchmal
siehst du alte Menschen
mit einem Lächeln im Gesicht
und die Schatten werden kleiner.

Anne Steinwart

MUT

Ich will
meine Angst
an die Hand nehmen
und mit ihr gehen

Sie ist mein Kind

Anne Steinwart

SCHERBEN

Der Tag gestern,
alle Tage und alle Jahre von früher
sind vorbei, begraben in der Zeit.
An ihnen kannst du nichts mehr ändern.

Hat es Scherben gegeben?
Schlepp sie nicht mit dir herum!
Denn sie verletzen dich Tag für Tag,
und zum Schluss kannst du nicht mehr leben.

Es gibt Scherben,
die wirst du los,
wenn du sie Gott in die Hände legst.
Es gibt Scherben,
die kannst du heilen,
wenn du ehrlich vergibst.
Und es gibt Scherben,
die du mit aller Liebe nicht heilen kannst.
Die musst du liegen lassen!

Fang den Tag von heute
nicht mit den Scherben von gestern an.

Phil Bosmans

HERBST

Herbst, das ist wachsende Einsamkeit.
Es will sich etwas klären.
Nicht nur der Schmuck,
nicht nur Kraft und Schönheit
wehen davon,
es kommt vielmehr eine Gestalt heraus.
Sinn deutet sich an.

Denn die Ernte eines Lebens
liegt nicht nur in den goldenen Früchten,
die in den Gärten reifen,
sie liegt auch in der Einsicht
in das Gesetz, nach dem unser Leben
sich vollzieht, das Gesetz,
das Gott gestiftet hat und das vor Gott gilt.

Werk und Tat, Plan und Erfolg
verlieren ihre aufgeblasene Wichtigkeit.
Die Kraft wendet sich nach innen,
und es geht ums Durchhalten
mit anderen, für andere.
Ums Helfen, Stützen und Dabeisein.

Jörg Zink

ZUSPRUCH

Manchmal genügt
ein liebevoller Blick,
eine Hand,
die sich auf meine Schulter legt.
Manchmal genügt ein Wort,
das mich herausreißt
aus dem wolkenverhangenen Tag.
Dann spüre ich,
dass Schatten schwinden,
dass Krusten aus hartem Gestein
aufbrechen
und unbeirrbar,
wie der zähe Löwenzahn
zu meinen Füßen
Hoffnung wächst.

Barbara Cratzius

BEWÖLKT, MIT LEICHTEN NIEDERSCHLÄGEN…

Auch dieser Sommer wird vorüberwehn
So sanft und still, als wär er nie gewesen.
Und wieder wird ein Wächter mit dem Besen
Im welken Park durch Blätter knistern gehn.

Auch dieser Herbst wird wie die andern sein.
So rollte manches Jahr sich schon zu Ende.
Bald starrt man wieder auf vier fremde Wände
und regnet mit den Tagen langsam ein.

Schon schläfert sich das Leben winterwärts.
Wie träg die schrägen Regenfäden rinnen.
Sie fangen an, Melancholie zu spinnen.
Scheu wie ein Kind verkriecht sich unser Herz.

Stirbt nicht das Laub, wenn es auch farbig glüht?
Klagt nicht das Boot verlassen auf den Wogen?
Die allerletzten Rosen sind verblüht.
Der Sommer geht. Auch dieser hat getrogen.

Nun wird es Herbst. Was bleibt in unsern Träumen?
Ein Lied vielleicht. Ein Abendwind am Meer,
Das erste Rauschen in erblühten Bäumen
Und stilles Warten auf die Wiederkehr…

Mascha Kaléko

NOCH SCHLÄGT DAS HERZ

Dasein dürfen,
wo es Morgen und Abend,
Wärme und Kälte,
Nähe und Ferne,
Täuschung und Klärung gibt.

Erwachen dürfen
nach einem Unfall,
nach einem Infarkt.
Noch Zeit bekommen.

Wieder anfangen dürfen,
das begonnene Gespräch
fortsetzen dürfen,
sich seibst verändern.

Mißverständnisse verringern,
seine Hast bekämpfen,
seinen Geiz besiegen,
sich von bösen Gedanken
gegen den Nächsten reinigen.
Sich sammeln,
das Schweigen üben,
das Wort vertiefen.

Martin Gutl

WUNDERBARE WEISHEIT

Herr, du weißt, dass ich von Tag zu Tag älter werde – und eines Tages alt. Bewahre mich vor dem Drang, bei jeder Gelegenheit etwas sagen zu müssen. Erlöse mich von der großen Leidenschaft, die Angelegenheiten anderer ordnen zu wollen. Lehre mich, nachdenklich und hilfreich, aber nicht beherrschend zu sein.

Mein umfangreiches Wissen sollte eigentlich nicht brachliegen, sondern weitergegeben werden. Aber du verstehst, Herr, dass ich mir ein paar Freunde erhalten möchte. Bewahre mich davor, endlos Einzelheiten aufzuzählen ohne auf den Kern der Sache zu kommen.

Lehre mich schweigen über meine Krankheiten und Beschwerden. Sie nehmen zu, und die Lust, sie zu beschreiben, wächst von Jahr zu Jahr. Ich erflehe nicht die Gabe, Krankheitsschilderungen anderer mit Genuss zu lauschen. Aber lehre mich, sie wenigstens geduldig zu ertragen.

Lehre mich die wunderbare Weisheit, dass ich mich irren kann. Erhalte mich so liebenswert wie möglich. Ich möchte kein Griesgram sein, aber auch keine Heilige, denn mit ihnen lebt es sich so schwer.

Nach Teresa von Avila

FEHLER MACHEN DÜRFEN

Fehler machen dürfen
und sich seine Irrtümer eingestehen,
fünfe gerade sein lassen
und die Welt zum Narren halten können,
Trauer durchstehen
und sich dadurch verwandeln lassen,
den Augenblick auskosten,
auch den bitteren,
und der Zukunft dann wieder
getrost entgegensehen,
Enttäuschungen ertragen
und doch Hoffnung bewahren,
allein sein können
und sich neuen Begegnungen öffnen,
Abschied nehmen können,
um sich der Liebe wieder neu hinzugeben,
Umwege gehen
und trotzdem
– oder gerade dadurch –
ans Ziel kommen,
und eines Tages sagen können:
ich habe gelebt.

Christa Spilling-Nöker

ZWISCHEN MEINEN WÄNDEN

Ich danke dir: Ich bin ein Kind geblieben,
Ward äußerlich auch meine Schwarte rauh.

Zu viele Sachen weiß ich zu genau
Und lernte mehr und mehr die Wände lieben.

Doch zwischen Wänden, wenn die Fantasie
Ein kleines Glück so glücklich zu erfassen
Imstande ist, daß wir uns sagen: Nie
Uns selber lieben! Nie das andre hassen!
Nur einsam sein! –
Spricht oft mein Innerstes zu solcher Weisheit: Nein!
Denn all mein Sinnen lauscht, ob fremde Hände
Jetzt etwa klopfen werden an mein einsam Wände,
und wenn's geschähe, rief es laut: Herein!!!

Joachim Ringelnatz

ZEICHEN DER ZUVERSICHT

Manchmal lasten die Tage auf dir wie Blei
oder wie kantige Steine am Rand eines Wasserlaufs
und deine Pflichten drücken wie Schuhe,
die dir nicht passen;
die Arbeit geht dir schwer
und dein Herz ist voller Zweifel.

Manchmal werden dir die Stunden zur Qual,
denn Müdigkeit lähmt dir Kopf und Hände
und du fragst dich, was all die Mühe soll,
wenn du keinen Erfolg verbuchen kannst,
wenn man dich schon wieder kritisiert,
wenn du kein Lächeln siehst,
keine Aufmunterung
und keinen Dank hörst.

Doch vergiss nicht die Tage,
da du das Lachen von Kindern vernimmst,
den Gruß freundlicher Menschen hörst,
dir so manches gelingt –
Tage, da der lange Regen aufhört,
die Sonne die Wolken besiegt,
ein Regenbogen den Himmel verzaubert,
ein Dank dich erreicht,
ein Lied erklingt.

Niemals aufgeben,
an deine Kraft glauben,
deine Hoffnungen nicht wegwerfen,
den Menschen das Gute zutrauen –
dies sei deine Zuversicht.

Guido Köppel

GEBET

Herr: unser kleines Leben – ein Inzwischen,
Durch das wir aus dem Nichts ins Nichts enteilen.
Und unsre Jahre: Spuren, die verwischen,
Und unser ganzes Sein: nur ein Einstweilen.

Was weißt du, Blinder, von des Stummes Leiden?
Steckt nicht ein König oft in Bettlerschuhn?
Wer sind wir denn, um richtend zu entscheiden?
Uns ward bestimmt, zu glauben und zu tun.
– Laß du uns wissen, ohne viel zu fragen.
Lehr uns in Demut schuldlos zu verzeihn.
Gib uns die Kraft, dies alles zu ertragen,
Und laß uns einsam, nicht verlassen sein.

Mascha Kaléko

TRAINING

Mit dem Schlimmsten leben lernen
als wäre es schon geschehen

Weiteratmen
– wenn im vollgestopften Aufzug alle
jünger sind als du

– wenn du im Schaufensterglas das Gesicht
einer alten Frau erkennst: deines

Dem Sensenmann eine Fratze schneiden
wenn er über die Fensterscheiben leckt

Runter
von der Überholspur

Das eigene Gewissen erforschen
nicht das der anderen

Erinnerungen
füttern wie Vögel im Winter
damit sie noch einmal singen
als wäre es wieder Sommer
und Juni und du so nah
daß ich dich atmen höre
ihrem ohrenbetäubenden Zwitschern zum Trotz

Die Taue kappen, eins nach dem anderen
ehe das Schiff hinaustreibt aufs Meer

Alle Farben der Welt versammeln
im Weiß unserer Haare

Ulla Hahn

STUFEN

Was wir erleben: Mühsal, Gram und Glück,
Sind Stufen. – Unaufhaltsam wie die Quelle
Und immer stärker drängt uns das Geschick –
Der eine braucht nur einen Augenblick,
Der andre Jahre bis zur nächsten Schwelle.

Die feinen Runen, die der Kummer prägt,
Sind unsres Lebens tiefe Wachstumsringe;
Und manche Wunde, die das Schicksal schlägt,
Ist nur ein Anstoß, der uns lichtwärts trägt,
Um einzumünden in das Herz der Dinge …

Geduld ist alles! – Es gibt keine Not,
Die ihre Gleichmut überdauern könnte;
Sie ist der Zukunft großes Morgenrot,
Alles Vergängliche stirbt seinen Tod,
Und nur der Geist ist ewig, ohne Ende.

Er reicht bis in den Urgrund unsres Seins.
Wer weise ist, betrauert nicht die Stunden
Verträumten Glücks in dieser Welt des Scheins.
Für den Erleuchteten ist alles eins –
Er hat den Frieden und sich selbst gefunden.

Hermann Schmider

TROTZ ALLEM

Trotz allem kann es sein,
dass vor deinem Fenster ein Vogel singt,
dass seine Melodie dich erreicht,
dir etwas Neues gelingt.

Trotz allem kann es sein,
dass aus dem Himmelsgrau
dich ein Sonnenstrahl trifft,
dich Worte berühren wie aus einem Gedicht,
dass dir ein lieber Gruß in den Briefkasten fällt,
Einer daherkommt, die Hand dir hält.

Trotz allem kann es sein,
dass Hoffnung in dir wächst
und so etwas wie ein Engel sich neben dich setzt,
dass dein Glaube zunimmt und nicht ab,
weil dir ein Mensch begegnete,
ihn dir wieder gab.

Trotz allem.

Carola Merkel

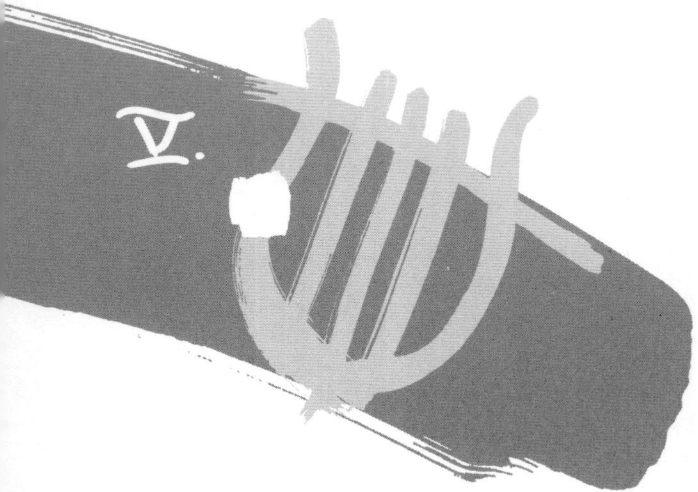

DIE NACHT
IN DER DAS
FÜRCHTEN WOHNT
HAT AUCH DIE STERNE
UND DEN MOND

BRUDER ERINNERUNG

Gott hat der Hoffnung einen Bruder
mitgegeben – die Erinnerung,
las ich bei Michelangelo.
Das wünsche ich dir,
dass ein Engel des Trostes
deine Wege kreuzen möge,
der die Schatten deiner belastenden Erinnerungen
nicht fortnehmen kann, sie aber von
der Sonne der Hoffnung bescheinen lassen kann.
Das wünsche ich dir,
dass die Erinnerungen an gute, schöpferische,
mutmachende Stunden deiner Vergangenheit
dir die Hoffnung schenke,
dass du auch im fortgeschrittenen Alter
einen neuen Anfang wagen kannst.

Barbara Cratzius

VOM ARMEN HOLZHACKER

Es war einmal ein armer Holzhacker, der lebte glücklich und zufrieden mit seiner Familie in einem kleinen Hause am Rande des Waldes. Obgleich er sich mit Holzfällen nur mühsam sein tägliches Brot verdiente, klang nach Feierabend für gewöhnlich Lachen und Singen aus dem kleinen Haus, so dass die Leute sich verwunderten. Eben dies aber verärgerte den König des Landes, dessen Weg zum Schloss ihn täglich am kleinen Haus vorbeiführte. „Was haben Tagelöhner zu lachen?“ fragte er grimmig und schickte eines Tages seinen Diener mit einer Botschaft zum Holzhacker: „Mein Herr und König befiehlt dir, bis morgen früh fünfzig Säcke Sägemehl bereitzustellen. Wenn du das nicht vermagst, sollst du samt deiner Familie umkommen.“

„Ich vermag es ganz gewiss nicht“, jammerte der Holzfäller. Seine Frau jedoch tröstete ihn: „Lieber Mann, wir haben es gut gehabt in unserem Leben. Wir hatten Freude aneinander und mit unseren Kindern und versuchten, auch andere daran teilhaben zu lassen. Es ist wahr, wir vermögen die Säcke nicht zu füllen. Deshalb lass uns auch in dieser Nacht ein Fest feiern mit unseren Kindern und Freunden zusammen. Wie wir gelebt haben, so wollen wir auch sterben.“

Und so feierten die armen Leute im kleinen Holzfällerhaus ihr schönstes und glücklichstes Fest. Nach Mitternacht ging ein um der andere der Gäste schlafen. Zuletzt blieben der Holzfäller und seine Frau zurück. Traurigkeit überkam sie, als die Morgenröte am Horizont aufstieg. „Nun ist es aus mit uns“, klagte die Frau. „Lass gut sein“, tröstete sie ihr Mann. „Es ist besser, glücklich und in Frieden zu sterben, als ein Leben in Traurigkeit und Angst zu verbringen.“

Da klopfte es an die Tür. Der Holzfäller öffnete weit, um den erwarteten Diener des Königs einzulassen. Zögernd trat der Hofbeamte näher und sagte nach einer kurzen Stille: „Holzhacker, stell zwölf eichene Bretter bereit für – einen Sarg. Der König ist in dieser Nacht gestorben.“

Armenisches Märchen

Die wahren Früchte meines täglichen Lebens sind so wenig fassbar und ebenso schwer zu beschreiben wie die zarten Töne des Morgens oder des Abends. Sie sind ein bisschen wie aufgefangener Sternenstaub, ein Teil des Regenbogens, den ich festgehalten habe.

Henry David Thoreau

TEILHABEN

Mit neuen Gedanken
alt werden

Jung bleiben
an uralten Gedanken

Teilhaben
am unsterblichen Leben
unsterblichen Sterben

Rose Ausländer

ALTER

Das aber ist des Alters Schöne,
Daß es die Saiten reiner stimmt,
Daß es der Lust die grellen Töne,
Dem Schmerz den herbsten Stachel nimmt.

Ermessen läßt sich und verstehen
Die eigne mit der fremden Schuld,
Und wie auch rings die Dinge gehen,
Du lernst dich fassen in Geduld.

Die Ruhe kommt erfüllten Strebens,
Es schwindet des Verfehlten Pein –
Und also wird der Rest des Lebens
Ein sanftes Rückerinnern sein.

Ferdinand von Saar

JUNG SEIN UND GUTES TUN

Jung sein und Gutes tun ist leicht,
Und von allem Gemeinen entfernt sein;
Aber lächeln, wenn schon der Herzschlag schleicht,
Das will gelernt sein.

Und wem's gelingt, der ist nicht alt,
Der steht noch hell in Flammen
Und biegt mit seiner Faust Gewalt
Die Pole der Welt zusammen.

Weil wir den Tod dort warten sehn,
Laß uns nicht stehen bleiben.
Wir wollen ihm entgegengehn,
Wir wollen ihn vertreiben.

Der Tod ist weder dort noch hier,
Er steht auf allen Pfaden.
Er ist in dir und ist in mir,
Sobald wir das Leben verraten.

Hermann Hesse

VERGÄNGLICHKEIT

Vom Baum des Lebens fällt
Mir Blatt um Blatt,
O taumelbunte Welt,
Wie machst du satt,
Wie machst du satt und müd,
Wie machst du trunken!
Was heut noch glüht,
Ist bald versunken.
Bald klirrt der Wind
Über mein braunes Grab,
Über das kleine Kind
Beugt sich die Mutter herab.
Ihre Augen will ich wiedersehn,
Ihr Blick ist mein Stern,
Alles andre mag gehn und verwehn,
Alles stirbt, alles stirbt gern.
Nur die ewige Mutter bleibt,
Von der wir kamen,
Ihr spielender Finger schreibt
In die flüchtige Luft unsre Namen.

Hermann Hesse

DIE STILLE ERTASTEN

Jeden Tag
einen Schritt näher tun
in das dunkle Wunder
der Unsichtbarkeit
am Abend in die Nacht gelangen
am Morgen in den Tag
Die Stille ertasten mit dem Wort
unwissend
und nur mit Tränen
als einziger Habe
den Ausgang suchend
der mit dem Leben weiterwandert
bis ein Horizont Tod heißt

Nelly Sachs

FLUSS

Geblendete Augen
im Wirbel
im Drängen
der täglichen Dinge
will sich
kein Muster
ergeben

Bruchstück Leben
Beute des
kurzatmigen
Heute

Und doch
in allem ein Fluss
Spür ihn durch
deine Mitte ziehn
Er weiss
was du nicht weisst
kennt Quelle und
Meer

Sein Atem
ist Wandel

Eveline Hasler

AN VIER EIGENSCHAFTEN

An vier Eigenschaften
kann man einen reifen Menschen erkennen:
Er liebt es nicht,
über die Fehler anderer zu sprechen,
und wird er danach gefragt, so zögert er
und will nicht so recht mit der Sprache heraus.
Er spricht gern
über das Gute in anderen Menschen,
und wenn man ihn danach fragt,
so weiß er manches zu berichten.
Über seine eigenen Fehler
spricht er ganz offen,
und wenn man ihn danach fragt,
so ist er durchaus bereit,
ausführlich darüber zu reden;
aber seine positiven Seiten
stellt er nicht heraus,
und wenn man ihn danach fragt,
fällt ihm kaum etwas ein.

Aus dem Anguttara Nikáya

NOTRUFER

In mir ist immer
Abschied:
Wie ein Ertrinkender
dessen Kleider
von Meerwasser schwer sind
seine letzte Liebe
einer kleinen Wolke schenkt.

In mir ist immer
Glaube,
als sei das goldene Seil
wer es auch auswirft
dem Notrufer
heilig
geschuldet.

Hilde Domin

Haben wir etwas verloren, das für uns und unser Leben bedeutsam war, einen Menschen, eine Lebensform, eine Arbeit, die körperliche Gesundheit usw., dann geraten wir in eine mehr oder minder bemerkbare Identitätskrise. Das heißt aber auch, wir müssen uns neu auf uns selbst besinnen als Menschen, die nun in einer veränderten Lebenssituation sich befinden und sich auch neu zurechtfinden müssen. Unser Selbsterleben und unser Selbstgefühl, und damit auch die Art der Bezogenheit auf die Mitmenschen, sind im Zentrum der Aufmerksamkeit und verändern sich, wandeln sich. Diese Selbstbesinnung, die mit einer langsamen Veränderung des Identitätserlebens einhergeht und viel Information über vergangenes Beziehungsverhalten ermöglicht, wird durch die verschiedenen Gefühle der Trauer eingeleitet und nimmt durch diese bestimmt auch einen beschreibbaren Weg, wenn wir diese Gefühle zulassen. Gewandelt ist es möglich, neue Beziehungen zu wagen, sich neu auf das Leben einzulassen, auch wenn mit Verlusten immer wieder zu rechnen ist.

Verena Kast

ZU GUTER LETZT

Als Kind wußte ich:
Jeder Schmetterling
den ich rette
jede Schnecke
und jede Spinne
und jede Mücke
jeder Ohrwurm
und jeder Regenwurm
wird kommen und weinen
wenn ich begraben werde

Einmal von mir gerettet
muß keines mehr sterben
Alle werden sie kommen
zu meinem Begräbnis

Als ich dann groß wurde
erkannte ich:
Das ist Unsinn
Keines wird kommen
ich überlebe sie alle

Jetzt im Alter
frage ich: Wenn ich sie aber

rette bis ganz zuletzt
kommen doch vielleicht zwei oder drei?

Erich Fried

LOSLASSEN

Das ist das Allerschwerste
– Gehenlassen –
Zu wissen: Es wird nimmermehr so sein.
Und dennoch immer wieder zu umfassen
und – einfach immer leise da zu sein.

Offen zu sein!
Nicht traurig und nicht bitter.
Ganz ohne Vorwurf
und ganz ohne Wunsch.

Still auf dich warten
und die Arme offen.
Bereit sein für die Stunde,
da du kommst.

Ju Sobing

ES MAG SEIN

Es mag sein, daß alles fällt,
Daß die Burgen dieser Welt
Um dich her in Trümmer brechen.
Halte du den Glauben fest,
Daß dich Gott nicht fallen läßt:
Er hält sein Versprechen.

Rudolf Alexander Schröder

DU SITZT AM FENSTER

Du sitzt am Fenster
und es schneit –
dein Haar ist weiß
und deine Hände –
aber in den beiden Spiegeln
deines weißen Gesichts
hat sich der Sommer erhalten:
Land, für die ins Unsichtbare erhobenen Wiesen –
Tränke, für Schattenrehe zur Nacht.

Aber klagend sinke ich in deine Weiße,
deinen Schnee –
aus dem sich das Leben so leise entfernt
wie nach einem zu Ende gesprochenen Gebet –

O einzuschlafen in deinem Schnee
mit allem Leid im Feueratem der Welt.

Während die zarten Linien deines Hauptes
schon fortsinken in Meeresnacht
zu neuer Geburt.

Nelly Sachs

STILLER TAG

Schön wär's, noch einmal in die Welt zu reisen,
Noch einmal zu flanieren in den Gassen,
Noch einmal eine richtige Mahlzeit speisen,
Noch einmal sich zur Liebe locken lassen!

Doch käme alles dieses auch nicht wieder,
Mir ist noch immer vielerlei geblieben:
Mozart und Bach, Chopin und Schubertlieder,
Blumen betrachten, träumen, Dichter lieben.

Erlischt auch dieses zarte Glück der Sinne,
So bitt ich Gott, daß ich mein welkes Leben
In seines Wesens Urlicht mag ergeben
Und nie vergesse: mir auch wohnt er inne.

VerfasserIn unbekannt

ABSCHIED

Drunten pfeift ein Zug durchs grüne Land,
Morgen, morgen fahr' auch ich davon!
Letzte Blumen pflückt verirrt die Hand,
Und sie welken, eh' ich fort bin, schon.

Abschied nehmen ist ein bittres Kraut,
Wächst an jedem Fleck, den ich geliebt;
Keine Stätte, die ich mir gebaut,
Heimat wird und Heimatfrieden gibt.

In mir selber muß die Heimat sein,
Jede andre welkt so schnell hinab,
Jede ließ mich gar so bald allein,
Der ich alle meine Liebe gab.

Tief im Wesen trag' ich einen Keim,
Der wird stille größer, Tag für Tag:
Wenn er reif ist, bin ich ganz daheim,
Und es ruht der ewige Pendelschlag.

VerfasserIn unbekannt

GEBET EINES KIESELSTEINS

Gott, du gabst mir Millionen
Jahre, zu ehren dich durch
steinernes Schweigen – laß mich,
da das Rad des Autos für eine
Sekunde meinen winzigen
Schatten wegnimmt, laß mich
schweigend im Brausen des Motors
sagen, wie nahe der Anfang der
Ewigkeit ist.

Rudolf Otto Wiemer

Man soll das Leben so groß lieben, so ohne rechnen und auswählen lieben, dass man unwillkürlich ihn (den Tod) immerfort mit einbezieht, ihn mitliebt. So hat gewiss das Leben eine uns dauernd abgewendete Seite, die nicht sein Gegenteil ist, sondern seine Ergänzung zur Vollkommenheit, zur Vollzähligkeit, zu der wirklichen, heilen und vollen Sphäre und Kugel des Seins. Das Leben sagt immer zugleich: ja und nein. Er, der Tod, ist der eigentliche Ja-Sager. Er sagt nur: Ja. Vor der Ewigkeit.

Rainer Maria Rilke

NACHTS

I.

Es hat an meine Tür geklopft,
Ich wagte kein: „Herein“!
Doch klopfte es ein zweites Mal,
Ich sagte wohl nicht nein.

Noch war das Sterben mir so fremd,
Das war, als es begann.
Doch schläft man oft im Totenhemd,
Gewöhnt man sich daran.

II.

Die Nacht,
In der
Das Fürchten
Wohnt,

Hat auch
Die Sterne
Und den
Mond.

Mascha Kaléko

DANN WERDET IHR TANZEN

Dann sprach Almira:
Wir möchten nun nach dem Tod fragen.
Und er sagte:
Ihr möchtet das Geheimnis des Todes kennenlernen.
Aber wie werdet ihr es finden,
wenn ihr es nicht im Herzen des Lebens sucht?
Die Eule, deren Nachtaugen am Tag blind sind,
kann das Mysterium des Lichts nicht entschleiern.
Wenn ihr wirklich den Geist des Todes
schauen wollt, öffnet eure Herzen weit dem Körper
des Lebens.
Denn Leben und Tod sind eins,
so wie der Fluß und das Meer eins sind.
In der Tiefe eurer Hoffnungen und Wünsche
liegt euer stilles Wissen um das Jenseits;
Und wie Samen, der unter dem Schnee träumt,
träumt euer Herz vom Frühling.
Traut den Träumen,
denn in ihnen ist das Tor zur Ewigkeit verborgen.
Eure Angst vor dem Tod ist nichts als das Zittern
des Hirten, wenn er vor dem König steht,
der ihm zur Ehre die Hand auflegen wird.
Freut sich der Hirte unter seinem Zittern nicht,
daß er das Zeichen des Königs tragen wird?

Doch gewahrt er sein Zittern nicht viel mehr?
Denn was heißt sterben anderes, als nackt
im Wind zu stehen und in der Sonne zu schmelzen?
Und was heißt nicht mehr atmen anderes,
als den Atem von seinen rastlosen Gezeiten
zu befreien, damit er emporsteigt und sich entfaltet
und ungehindert Gott suchen kann?
Nur wenn ihr vom Fluß der Stille trinkt,
werdet ihr wirklich singen.
Und wenn ihr den Gipfel des Berges erreicht habt,
dann werdet ihr anfangen zu steigen.
Und wenn die Erde eure Glieder fordert,
dann werdet ihr wahrhaft tanzen.

Khalil Gibran

GANZ SANFT IM SCHLAFE

Oft denk' ich an den Tod, den herben,
Und wie am End' ich's ausmach?!
Ganz sanft im Schlafe möchte ich sterben
Und tot sein, wenn ich aufwach'!

Carl Spitzweg

NICHT MUTIG

Die Mutigen wissen
Daß sie nicht auferstehen
Daß kein Fleisch um sie wächst
Am jüngsten Morgen
Daß sie nichts mehr erinnern
Niemandem wiederbegegnen
Daß nichts ihrer wartet
Keine Seligkeit
Keine Folter
Ich
Bin nicht mutig.

Marie Luise Kaschnitz

NACHWEISE

Wolfgang Abendschön: S. 38, © beim Autor (www.abendschoen-akzente.de).

Aus dem **Anguttara Nikáya** (Lehre Buddhas): S. 95, aus: Jeder Tag ist ein guter Tag: 365 buddhistische Weisheiten, ausgew. u. eingel. von Vimalo Kulbartz, © Theseus Verlag in der Verlagsgruppe Dornier GmbH, Stuttgart 1996.

Rose Ausländer (1901-1988): S. 33 und 42, aus: dies., Im Aschenregen die Spur deines Namens. Gedichte und Prosa 1976, © S. Fischer Verlag GmbH, Frankfurt/Main 1984 / S. 68 und 88, aus: dies., Ich höre das Herz des Oleanders. Gedichte 1977-1979, © S. Fischer Verlag GmbH, Frankfurt/Main 1984.

Hedwig Beckmann: S. 41, InhaberIn der Rechte unbekannt.

Phil Bosmans: S. 71, aus: Phil Bosmans; Ulrich Schütz (Hg.), Blumen des Glücks musst du selbst pflanzen, © Verlag Herder, Freiburg i. Br., 30. Aufl. 2004.

Roswitha Bräu: S. 53, © bei der Autorin.

Barbara Cratzius: S. 9, 29, 47, 65, 73 und 85, © bei der Autorin.

Wolfgang Dietrich: S. 39, © Verlag am Eschbach.

Hilde Domin: S. 96, aus: dies., Der Baum blüht trotzdem, © S. Fischer Verlag GmbH, Frankfurt/Main 1999.

Ferdinand von Saar (1833–1906): S. 89.

Theodor Fontane (1819–1898): S. 25.

Erich Fried (1921–1988): S. 98f., aus: ders., Es ist was es ist, © Verlag Klaus Wagenbach, Berlin 1983, NA 1996.

Robert Gernhardt: S. 14, aus: ders., Körper in Cafés, © Robert Gernhardt 1987. Alle Rechte vorbehalten S. Fischer Verlag GmbH, Frankfurt/Main.

Khalil Gibran (1883-1931): S. 106f., aus: ders., Der Prophet, © 1992 Patmos Verlag GmbH & Co. KG, Walter Verlag, Düsseldorf und Zürich.

Johann Wolfgang von Goethe (1749–1832): S. 2.
Martin Gutl (1942–1994): S. 75, aus: ders., Loblied vor der Klagemauer, Verlag Styria, Graz 1978, © Bildungshaus Mariatrost, Karl Mittlinger.
Ulla Hahn: S. 15, aus: dies., Epikurs Garten, © 1995 Deutsche Verlags-Anstalt, München, Verlagsgruppe Random House GmbH / S. 19, 24 und 80f., aus: dies., So offen die Welt, © 2004 Deutsche Verlags-Anstalt, München, Verlagsgruppe Random House GmbH.
Eveline Hasler: S. 17 und 94, aus: dies., Auf Wörtern reisen. Gedichte, pendo Verlag Zürich 1993, © bei der Autorin.
Hermann Hesse (1877–1962): S. 48, aus: ders., Briefe, © Suhrkamp Verlag, Frankfurt/Main 1964 / S. 23, 90 und 91, aus: ders., Sämtliche Werke, Band 10: Die Gedichte, © Suhrkamp Verlag, Frankfurt/Main 2002.
Nazim Hikmet (1902-1963): S. 10, InhaberIn der Rechte unbekannt.
Mascha Kaléko (1907-1975): S. 18, 22, 26 und 62f., aus: dies., Die paar leuchtenden Jahre, © 2003 Deutscher Taschenbuch Verlag, München / S. 105, aus: dies., In meinen Träumen läutet es Sturm, © 1977 Deutscher Taschenbuch Verlag, München / S. 11, 59 und 80, aus: dies., Verse für Zeitgenossen, Rowohlt Verlag, Reinbek, © Gisela Zoch-Westphal, CH-Rüschlikon / S. 74, aus: dies., Das lyrische Stenogrammheft. Kleines Lesebuch für Große, © 1956 by Rowohlt Verlag GmbH, Hamburg.
Marie Luise Kaschnitz (1901–1974): S. 108, aus: dies., Kein Zauberspruch, © Insel Verlag, Frankfurt am Main 1972.
Verena Kast: S. 42f., aus: dies., Die Dynamik der Symbole, © 1991 Patmos Verlag GmbH & Co. KG Walter Verlag, Düsseldorf und Zürich / S. 97, aus: dies., Sich einlassen und loslassen, HERDER spektrum Bd. 4888, © Verlag Herder, Freiburg i. Br., 15. Aufl. 2005.
Guido Köppel: S. 78f., © beim Autor.

Siegfried von Kortzfleisch: S. 44f., aus: Publik-Forum Extra, Wachsen ein Leben lang, Oberursel 2003, © beim Autor.
Ute Latendorf: S. 16, aus: dies., Heimathafen. Gedichte, Edition L – I. + T. Czernik, Hockenheim, 1996, © bei der Autorin / S.54 und 56, aus: dies., So ist mein Leben. Gedichte, Thomas Verlag, Leipzig 2004, © bei der Autorin.
Werner Lutz: S. 14, 51, 58 und 63, aus: ders., Schattenhangschreiten. Gedichte, © Verlag im Waldgut AG, Frauenfeld, 2002.
Carola Merkel: S. 83, © bei der Autorin.
Elli Michler: S. 52, aus: dies., Für leisere Stunden, © Don Bosco Verlag, München 1999.
Wilma Michler: S. 40, © bei der Autorin.
Heinz Piontek (1925-2003): S. 20f., aus: ders., Indianersommer, © Bergstadtverlag, Sigmaringen 1990.
Ralph Richmond: S. 61, InhaberIn der Rechte unbekannt.
Rainer Maria Rilke (1875–1926): S. 104.
Joachim Ringelnatz (1883–1934): S. 20, 34, 49, 57 und 78.
Margret Roeckner: S. 32f., © bei der Autorin.
Nelly Sachs (1891–1970): S. 92, aus: dies., Teile dich Nacht, © Suhrkamp Verlag, Frankfurt/Main 1971 / S. 101, aus: dies., Fahrt ins Staublose, © Suhrkamp Verlag, Frankfurt/Main 1961.
Ernst Schlatter: S. 60, aus: ders., Fluss-Fluchten, Rauhreif Verlag Zürich, 2005, © beim Autor.
Hermann Schmider (1906–1967): S. 30 und 82, © Ingo Gutmann.
Rudolf Alexander Schröder (1878-1962): S. 100, aus: Gesammelte Werke, Band I, © Suhrkamp Verlag, Frankfurt/Main 1952.
Ju Sobing: S. 99, © bei der Autorin.
Christa Spilling-Nöker: S. 77, © Verlag am Eschbach.
Carl Spitzweg (1808–1885): S. 108.
Nadine Stair: S. 36f., InhaberIn der Rechte unbekannt.
Fulbert Steffensky: S. 66f., aus: ders., Die Zehn Gebote, © Echter Verlag Würzburg, 3. Auflage 2004.

Anne Steinwart: S. 12, 35, 50 und 70 (oben und unten), © bei der Autorin.
Nach **Teresa von Avila** (1515–1582): S. 76.
Henry David Thoreau (1817–1862): S. 87.
VerfasserIn unbekannt: S. 86f., 102 und 103.
Rudolf Otto Wiemer (1905–1998): S. 104, aus: ders., Der Augenblick ist noch nicht vorüber, Kreuz Verlag, Stuttgart 2001, © Rudolf Otto Wiemer Erben, Hildesheim.
Jörg Zink: S. 27, © Verlag am Eschbach / S. 72, aus: ders., Was bleibt, stiften die Liebenden, vollständig überarbeitete und gekürzte Fassung des erstmals 1979 erschienenen gleichnamigen Titels, © 2005 Kreuz Verlag Stuttgart in der Verlagsgruppe Dornier GmbH.

FOTOGRAFIEN

Michael Himml: S. 55, © beim Fotografen.
Reinhard Kemmether: S. 13, 31 und 69, © beim Fotografen.
Sabine Ulrich: S. 93, © bei der Fotografin.